LE CHEMIN VERS

# L'Economie Ouverte

COMMENT VOTRE CONNAISSANCE DU MONDE EST
SUR LE POINT DE CHANGER

Colin R. Turner

**Le chemin vers l'Economie Ouverte**

Publié par Applied Image, janvier 2017
ISBN: 978-0-9560640-5-9
Première édition 2016 (Anglaise)
Version du texte 1.1

Edité par Krisztina Paterson.
Traduit par GunDiphoo, décembre 2016.

Nouveautés et mises à jour du livre peuvent être trouvées aux adresses suivantes :
*freeworlder.com*
*facebook.com/colinrturner.author*

Merci de vous adresser à :
admin@freeworldcharter.org

OUVRAGE DU MÊME AUTEUR :

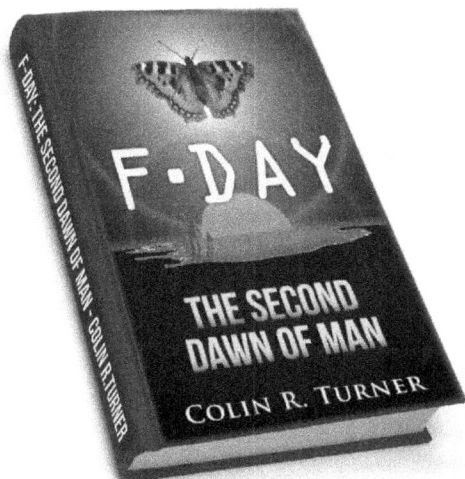

# JOUR F : LA DEUXIÈME AUBE DE L'HUMANITÉ

**(TITRE ORIGINAL: F-DAY: THE SECOND DAWN OF MAN)**

UN ROMAN DE FICTION SUR LA NAISSANCE DE L'ÉCONOMIE
OUVERTE

★★★★★

ÉVALUÉ CINQ ÉTOILES PAR LES LECTEURS

**DÉSORMAIS DISPONIBLE SUR AMAZON**

(EN VERSION ORIGINALE ANGLAISE SEULEMENT)

La vie est un secret dévoilé.

Tout est disponible.
Rien n'est caché.

Vous avez seulement besoin
d'ouvrir vos yeux pour voir.

~ OSHO

# Contents

# Une offre

Cohabitant de la Terre concerné, je vous propose ce livre en toute bonne foi. Partant de ce principe je pense être autant qualifié que tout un chacun pour présenter des choix et des idées pour une autre société et je ressens le besoin urgent de les partager. Mais avant de commencer mettons certaines choses au point:

➢ Ne vous attendez pas à un manifeste long et complexe de théories alambiquées. Les idées exprimées ici sont simples, car les solutions que je propose sont simples.

➢ Ne vous attendez pas à trouver un ouvrage d'autorité rempli de citations et de références, écrit par un auteur accredité par de grandes écoles. Toutes les idées exprimées dans ce livre se basent sur le sens commun et l'expérience de tous les jours. Ma seule qualification est 48 ans d'expérience de vie dont les cinq dernières années passées à méditer profondément sur le sujet présenté dans « *The free World Charter* »(NdT : La charte du monde libre).

➢ Presque rien n'est nouveau dans ce livre. Les idées exprimées ici vous seront déjà pratiquement familières. La seule différence est comment nous allons les appliquer ou les combiner.

Si vous appréciez ces « principes » et si vous êtes intéressez à l'exploration de quelques possibilités étonnantes concernant notre futur, alors suivez-moi…

# Introduction

Le format de ce livre – comme toute chose le concernant – est simple. Je présente une solution à un problème ou une méthode alternative pour atteindre quelque chose, ensuite j'explique pourquoi cela fonctionne. Les preuves et les références de mes propos couleront de source (j'espère) par rapport à votre propre expérience.

Lorsque nous apprenons une nouvelle chose, le mieux est de simplement *l'expérimenter*. Voilà pourquoi je pense que cette approche est la meilleure pour expliquer l'Economie Ouverte. Au lieu de gaspiller mon temps et le vôtre à explorer de vastes quantités de données, je peux vous montrer comment cela fonctionne en se basant sur ce que vous *connaissez déjà*.

Notre vision du monde est imprégnée de théories. Des théories concernant le comportement et l'économie, lesquelles d'après moi limitent maintenant notre éventail de possibilités.

N'oublions pas que les domaines de l'économie et du comportement humain sont basés sur *l'observation*. Ils ne prédisent pas le futur ni ne nous donnent des règles à suivre.

La plupart de ses théories basées sur l'observation ont

été formulées il y des centaines d'années. Depuis, la mécanisation, l'électricité, l'informatique et la communication ont changé à jamais la donne sur cette planète. Ceci nous a donné le potentiel d'altérer radicalement notre environnement donc par conséquent notre comportement *et* l'économie.

Notre monde est constamment en changement. Nous pouvons créer des théories convainquantes mais nous n'y sommes pas assujettis.

Votre propre expérience de vie et les gens qui vous entourent sont des sources de référence de la plus grande valeur. Les médias et les idées préconçues créent une image déformée du monde. Une importance exagérée est donnée aux actions de « mauvaises » personnes, pourtant ces comportements sont *de loin des exceptions en comparaison du comportement commun.* En vérité le nombre de ces personnes n'a statistiquement aucune valeur. Il est *crucial* de ne pas l'oublier.

Pratiquement toutes les personnes à qui je pense – et que j'ai rencontré personnellement - sont raisonnablement décentes. Bien qu'avec moi elles ne le soient pas toujours, je sais qu'elles se comportent décemment avec celles pour lesquelles elles *ont* de l'estime et comprennent ce que veut dire « bien agir ».

Ceci semble être aussi l'expérience de tout ceux que j'ai questionné à ce sujet. La grande majorité des gens est bonne. J'aimerais que vous appliquiez cette perspective lorsque vous évaluerez les concepts développés ici. Basez vos conclusions *seulement* sur le comportement d'une personne que vous *connaissez personnellement* et non pas sur des impressions glanées au hasard.

Et enfin, sur la couverture de ce livre j'ai déclaré d'une manière plutôt audacieuse : « Comment votre connaissance du monde est sur le point de changer », et vous êtes bien en droit de vous demander comment je peux ainsi qualifier cette assertion. Eh bien je pense que je peux, car en fait cette assertion est une épée à double tranchant.

Le monde tel que vous le connaissez *est* sur le point de changer – que ce soit en accord général avec les principes exprimés dans ce livre pour un futur plus juste et durable pour tous – ou bien en continuant aveuglément dans une course effrenée vers un déclin social, de la violence et des catastrophes environmentales. Ce *sera* soit l'un soit l'autre.

Je préfère la première option – et la bonne nouvelle est que c'est quelque chose que nous pouvons organiser avec un minimum d'effort. Alors commençons !

# Le(s) problème(s)

Ce livre a pour but de donner des solutions, je ne vais donc pas trop m'éterniser ici sur les problèmes du monde. La plupart d'entre eux sont évidents, mais au cas où vous ne les auriez pas en tête, les voici en bref :

➢ Croissance économique  perpétuelle – nécessitant toujours plus de ressources – couplée à la croissance de la population sur une planète aux ressources finies.

➢ Implacable et permanente destruction de l'habitat naturel pour développer l'industrie et l'agriculture au dépens de la biodiversité.

➢ Enormes inégalités salariales et sociales.

➢ Chômage et érosion du marché du travail à cause de l'automatisation et des systèmes d'intelligence artificielle.

➢ Comportements irresponsables, gaspillages et inefficacités causés par la priorité du profit, p. ex. ce qui est bon pour les autres ou l'environnement est soit laissé à la chance soit régulé fortement.

➢ Gaspillage des ressources et sous-performance à cause de méthodes de production manquant de vue à long terme, p. ex. il est plus profitable de vendre en permanence quelque chose de moindre qualité que de construire quelque chose qui dure.

➢ Déconnexion entre les personnes et de la communauté, p. ex. le commerce et la compétition créent de l'isolement.

J'ajouterais que ces problèmes ne sont pas listés dans un ordre particulier. Mais tous sont à prendre au sérieux.

Après analyse nous découvrons que le fonctionnement du marché est au coeur de chacun de ses problèmes et pour être plus précis : ce sont nos méthodes principales de distribution des ressources et de gestion de la société, à savoir *le commerce et la gouvernance*.

Puisque la plupart des gens supposent généralement que le commerce est un fait de la vie non-négociable, la question se pose : pouvons-nous améliorer nos systèmes de marché et de gouvernance afin de servir au mieux tout un chacun ?

Même si il *est* définitivement possible d'améliorer ce que nous avons – et beaucoup de gouvernements progressistes agissent ainsi – ces systèmes sont limités et inefficaces de par leur nature intrinsèque. *Nous ne pouvons tout simplement plus nous permettre de gaspiller encore du temps et de la planète en nous contraignant ainsi.*

Laissez-moi vous montrer ce que je veux dire.

# Les limites du gouvernement

Premièrement il faut voir que le gouvernement traditionnel n'est qu'un prolongement du commerce, son rôle principal est de surveiller et de réguler l'économie.

Imaginez pendant un instant que nous n'ayons plus besoin d'un quelconque type d'économie commerciale. Pas de marché, pas de monnaie, pas de travail ni de salaire, pas de facture ni de taxe. Cela devient rapidement difficile de voir quel pouvoir ou but un gouvernement pourrait avoir dans un tel système.

Faisant *partie* inhérente de l'économie, le gouvernement lui-même est limité par ce qu'il peut faire. Nous sommes tous au courant des coupures budgétaires dans les services de l'état, de la dette nationale, des histoires de corruption, des groupes de pression corporatifs, des intérêts particuliers menant à des politiques indésirables. Le gouvernement – dont tous ces membres - étant plus ou moins soumis à l'économie n'a qu'un pouvoir de contrôle très limité.

Ce qu'il peut faire est d'imprimer de l'argent, d'allouer des fonds d'état et de fixer des taux d'intérêt. Mais tous les économistes vous diront qu'imprimer de l'argent ne résout rien. Les prix vont simplement augmenter au cours du temps. Les dépenses d'état et les taux d'intérêt ne contrôlent pas l'économie – ce sont seulement des *procédés réactifs* pour cette dernière. Quand l'économie va bien le gouvernement dépense, quand l'économie va mal le gouvernement fait des coupures budgétaires.

Au lieu de façonner l'économie tout ce que le gouvernement fait réellement n'est que de « faire le ménage » du mieux qu'il peut alors que les fruits d'une économie plus grande attendent à sa porte.

Quant à l'idée des nations – des frontières vieilles de centaines d'années à travers lesquelles nous nous définissons – elles ne servent pas beaucoup plus qu'à légitimer les gouvernements. Oui, nous avons besoin d'administration locale, car cette ancienne notion de « nations » isolées restreignant le libre mouvement des personnes et des ressources est quelque peu absurde et dangereusement séparatrice au 21ème siècle.

Le drapeau de la nation flottant au vent peut donner un sens de patriotisme, mais il crée aussi de l'animosité envers l'étranger. A quel but peut bien servir cette division ?

En réfléchissant bien nous sommes tous nés dans une nation sans que nous n'ayons eu aucune prise, action ou participation lors de sa création, alors de quoi pouvons-nous être fier ? Il y a des choses beaucoup plus saines dont nous pouvons être fier, comme nos propres accomplissements ou bien nos enfants, notre équipe, etc.

Vous avez certainement remarqué que le gouvernement est de loin l'agent qui vante le plus le patriotisme. Je suppose que tant que les gens auront le sentiment de faire partie d'un « pays », ils accepteront plus facilement la légitimité du gouvernement. Mais regardez les gens que vous connaissez. Combien d'entre eux s'intéressent réellement aux frontières ? Pour la plupart, les frontières ne sont rien d'autre qu'un inconvénient pour les voyageurs.

Et que dire des lois ? Est-ce une fonction importante du gouvernement ?

Bon, posez-vous cette question : pourquoi d'abord avons-nous des lois ? Parce que quelques personnes se comportent mal. Alors, *pourquoi* ces gens-là le font-ils ? *Telle* est la question qu'une espèce intelligente devrait se poser, au lieu de se focaliser sur des châtiments sans fin, une justice et la rédaction de la loi. Nous devrions plutôt nous questionner sur les raisons de ce comportement anti-social et s'occuper directement de ce problème.

Si vous avez besoin d'une loi vous disant quoi faire et ne pas faire, n'est-ce pas vraiment le signe que le système ne répond pas aux besoins de son peuple et que la population est pauvrement éduquée ? Ne devrions-nous pas plutôt aspirer à une société dans laquelle les gens ne *veulent pas ou n'ont pas besoin* de faire du mal aux autres ?

La loi est l'instrument contondant que nous utilisons pour cacher nos failles afin de créer une société satisfaisante et proprement éduquée. Donnez aux gens ce dont ils ont besoin, ils n'auront plus besoin de vous voler. Renforcez l'empathie naturelle des gens afin qu'ils comprennent l'inutilité de vous faire du mal. Bien évidemment ceci n'arrêtera pas tout les crimes, mais ils devraient être éradiqués aux environs de 99 %.

Nous étudierons la loi et l'éducation plus en détail dans des chapitres à venir.

# Les limites du marché

Le commerce est le sous-produit naturel de la rareté. Lorsqu'il est difficile d'acquérir quelque chose dont vous avez besoin – que ce soit un objet ou une compétence – le commerce se crée. Dans l'ensemble c'est un bon système : j'obtiens ce que je veux, tu obtiens ce que tu veux et tout le monde est heureux. Il n'y a pas de mal à cela.

Alors, regardez autour de vous et vous remarquerez rapidement que cette version décrite dans les « manuels » de commerce n'est pas bien applicable dans la vraie vie. Les ressources de valeur sont monopolisées ; la motivation pour le gain détruit l'environnement ; la richesse monétaire est hautement concentrée ; la possibilité de vendre votre travail et vos compétences pour un prix convenable est rapidement diminuée par des avancées techniques rendant leur commercialisation d'autant plus difficile.

En fait, tout commerce de libre marché et tout système de propriété privée conduiront *toujours* à une concentration des richesses et des pouvoirs. *Pourquoi* ? La raison en est tragiquement simple : 1) certains sont tout simplement de meilleurs négociateurs et 2) il est beaucoup plus facile d'*augmenter* la richesse *existante* que d'en créer une nouvelle. Par exemple, vous pouvez promouvoir vos services et compétences plus efficacement, embaucher des gens qualifiés pour vous assister et surmonter plus de problèmes dans vos projets.

La concentration de la richesse est *fondamentalement inévitable* dans un système de marché commercial et de propriété privée. Cela crée un flux à sens unique canalisant graduellement la richesse vers le haut.

Il est important de noter que tout système se basant sur la rareté incitera toujours à la cupidité et à un comportement égoïste. Il est parfaitement naturel de vouloir s'accaparer des choses rares. Que vous aspiriez à un second morceau de pain ou bien à un second hors-bord, le processus de pensée est le même : « si c'est difficile à obtenir, j'en veux plus ». Laisser vivre cette pensée basée sur la rareté et vous vous retrouverez dans le cas où nous en sommes aujourd'hui – la moitié des richesses combinées dans les mains de moins de cent personnes[1].

En dehors de cette considération, il y a une deuxième raison pour laquelle le commerce est limité : la technologie.

Notre technologie a maintenant atteint un stade où il est incroyablement facile de produire les choses dont nous avons besoin, ce qui n'était pas le cas il y a cent

---

1     Selon le rapport 2016 de Oxfam Davos : « *L'économie des 1 %* », la moitié de la richesse du monde est maintenant entre les mains de 62 individus.

ans. Ceci est fantastique, mais cela signifie aussi que nous érodons complètement le marché du travail. Dès qu'une technologie apparaît pour remplacer le travail d'un humain, le poste disparaît aussitôt et ne réapparaît plus jamais.

Comme de plus en plus de gens perdent leur travail à cause de la technologie, le chômage augmente, le pouvoir d'achat diminue, créant ainsi un système de plus en plus dysfonctionnel.

Soyons bien clair : sans travail il n'y a *aucune économie* et aujourd'hui nos jobs se perdent *continuellement* au profit de la technologie.

Par conséquent notre si parfait système décrit dans les manuels de commerce devient obsolète. Le crédit est le seul et unique moyen pour le maintenir en place et le rendre opérationnel. En canalisant la richesse vers le haut – sans espoir de retour – les gouvernements et les banques accordent continuellement du crédit afin de garder le système à flot. C'est le monde dans lequel nous vivons actuellement: une économie soutenue entièrement par le crédit. Pour le dire franchement : *par rien du tout*.

Mais ce n'est pas non plus anodin. En termes économiques c'est *hypothéquer l'avenir de nos enfants* avec des intérêts s'accroissant minute par minute. Si nous ne changeons pas les règles, quelle sorte de futur endetté allons nous laisser ?

Ce flux de crédit étant créé maintenant par des banques commerciales[2] est la source principale de toute monnaie qui entre dans l'économie – ce qui est paradoxal : comment payer les intérêts d'un emprunt si l'argent pour payer ces intérêts *n'existe même pas ?*

La seule voie possible est de créer une autre dette, par conséquent de créer un cycle sans fin de dettes, de l'inflation et une hausse des impôts. Ceci est clairement un état de fait irréaliste et non durable.

---

2   Les banques commerciales créent réellement la grande majorité de l'argent neuf en encourageant les emprunts. Recherche Google : « la création de l'argent dans l'économie moderne ».

# Déconnexion

Un des effets secondaires les plus dommageables du système de marché est d'attiser la déconnexion entre nous.

Sans cesse les grandes entreprises promeuvent la honte, la peur, la culpabilité et la compétition afin de nous faire acheter leurs produits. Leurs programmes orientés vers le profit injectent leur production de masse dans la société à travers les puissants outils médiatiques, nous détachant ainsi du véritable coût physique, social et émotionnel de leurs produits.

Nous voyons des articles mise en vente à bas prix, mais nous réfléchissons rarement – ou nous ne voyons pas – quelle type de réduction des coûts a rendu cela possible. La plupart des « ventes bon marché » sont habituellement réalisés par des êtres humains exploités ou bien à travers l'extraction irresponsable des ressources.

Cette course effrénée imposée par le profit a créé un monstre – une culture de la consommation totale, nous hypnotisant en nous rendant avide de babioles et de gadgets scintillants – au dépens de notre estime de soi, de nos relations et des ressources naturelles.

L'utilisation de l'argent lui-même enlève le besoin

d'une relation entre le vendeur et l'acheteur. Vous pouvez rentrer dans un magasin pour acheter une pomme sans dire un mot à la personne qui vous la vend. Quelles formidables informations ou opportunités pourriez-vous rater ?

Régulièrement les forces du marché passent outre la durabilité en nous faisant considérer qu'il est moins cher de jeter un objet et de le remplacer que de le réparer.

Le plus dangereux est peut-être que notre système nous déconnecte de notre propre bon sens ou de notre sens moral.

De la poubelle renversée que vous ne redressez pas (parce que « ce n'est pas votre travail ») jusqu'à suivre les ordres du gouvernement de tuer d'autres personnes, nous montrent l'étendue de notre déconnexion avec le monde qui nous entoure et nous-même. Nous sommes *déconnectés de notre responsabilité personnelle*.

Avez-vous jamais considéré l'idée qu'un soldat de l'armée régulière qui obéit aux ordres est en fait un assassin ? Il ou elle a complètement abondonné son propre sens moral intérieur pour infliger mort et destruction aux autres. N'est-ce pas incroyable que presque toute la société considère cela normal ? Et dans certains cas même honorable ?

Pouvez-vous être plus déconnecté quand vous tuez

gaiement d'autres gens en pensant que vous ne faites rien de mal ? Dans tout autre contexte cela serait considéré comme un comportement psychopathe.

Notre sous-jacent sens de déconnexion les uns des autres et les conséquences de nos actes – multipliés par sept millards de personnes – sont à la source de la dissonance chaotique et de la méfiance que nous ressentons dans le monde aujourd'hui.

Nous sommes devenu confus, peu sûrs et – en dépit de toute notre merveilleuse technologie de communication – de plus en plus isolés.

## Deux solutions possibles

La solution évidente pour les meilleurs cerveaux du monde économique concernant la crise de la dette est de laisser le problème au bord de la route – parce que franchement, ils ne savent pas quoi faire d'autre. La dette globale gargantuesque de milliers de millards de dollars plane au dessus de nos têtes comme une gigantesque erreur de calcul. Mais ce n'est pas une erreur de comptabilité – c'est une erreur de gestion de notre société.

Notre modèle de commerce et de gouvernance ne peut pas résoudre ce problème parce que l'humanité a tout simplenent dépassé ce modèle. Alors, quelle est la réponse ?

Bien, une chose est certaine. Nous *allons* apporter un changement radical à notre société, ou bien un changement radical nous *arrivera*, puisque nos problèmes nous amènent petit à petit inéluctablement vers un effondrement sociétal, économique et environnemental.

Aujourd'hui nous avons le luxe de choisir l'opportunité d'être objectif et de bien choisir pour notre futur. En agissant bien maintenant, nous pourrions créer le type de monde dont nos ancêtres ont rêvé à un moment ou à un autre – la libération complète de la servitude, du travail pénible et disposer de temps pour s'adonner à nos passions.

Mais nous n'avons pas autant de temps que cela et de plus, il y a un autre problème. Les gens qui sont généralement en charge de changer la société se sont endormis – ou sont vraisemblablement inconscients – au gouvernail.

Ces personnes, nos politiciens – qui ont de bonnes intentions, dois-je ajouter – n'ont tout simplement pas la vue ou l'élan suffisant pour apporter des changements radicaux. Presque tous les politiciens de la planète sont déjà des individus fortunés. C'est ainsi qu'ils ont accédé au pouvoir. Leur *force vitale* est l'actuel système du marché monétaire. Pour eux voter contre ce système serait insensé.

Alors, nous avons à envisager le fait que nous, le peuple, doit lui-même apporter le changement.

Si nous voulons sérieusement les changements radicaux nécessaires afin de résoudre nos problèmes, il existe alors seulement deux approches vraiment concevables.

## Première solution

Nous bricolons à la Frankenstein une sorte de

réinitialisation de l'économie, en annulant la dette globale, en virant toutes les fripouilles : les PDG, les banquiers et les ministres du gouvernement, en brisant leurs sociétés et institutions, en redistribuant les propriétés et les richesses mondiales, en réduisant la semaine de travail et en créant à travers de nouveaux mandats une gouvernance directe venant du peuple.

Au jour d'aujourd'hui c'est la solution préférée de la plupart des adeptes du changement radical. Bien sûr, ceux qui contrôlent la richesse ne seront certainement pas d'accord avec cette approche. Mais même s'ils le seraient ou que d'une façon ou d'une autre nous les forçions à l'être, nous arriverions seulement à retourner au même point que précédemment à cause du même effet de canalisation de la richesse concentrée, de la poursuite continuelle du profit au dépens de l'environnement et d'un marché du travail toujours en décroissance.

En d'autres termes, dans ce cas nous créons une nouvelle riche élite toute fraîche en gardant les mêmes problèmes de base, parce que c'est ce qui *arrive logiquement en restant dans les limites de ce système.*

L'analogie du marché capitaliste avec le jeu de société Monopoly est parfaite. Toute compétition basée sur la rareté aura toujours pour résultat un seul gagnant. Refondre l'économie équivaudrait à balayer le plateau de jeu du Monopoly et d'en recommencer un nouveau. Aussi longtemps que vous suivrez les mêmes règles vous aurez les mêmes résultats : la concentration des richesses et une masse de perdants.

## Deuxième solution

Arrêtons-nous et faisons un pas en arrière, prenons un point de vue plus global. Quelles sont les choses qui ont vraiment de l'importance dans nos vies et dans notre existence à long terme sur cette planète ? Que pourrions-nous réellement accomplir techniquement ? Quelles sont nos limites réelles et celles imaginaires ? Comment pouvons-nous valoriser notre plus utile et abondante ressource : nous-mêmes ? Est-il possible de faire fonctionner en intégralité une société meilleure, libre, sans commerce et sans gouvernement ?

La réponse est *oui, bien sûr que c'est possible*. Et ceci de plusieurs façons et comme je m'apprête à vous le montrer, nous le faisons déjà.

Les méthodes et les idées pour une Economie Ouverte en dehors du commerce et du gouvernement vous sont déjà familières. Nous n'avons simplement qu'à les appliquer d'une nouvelle façon.

Mais une Economie Ouverte ne se résume pas seulement à s'adapter à un nouvel ensemble de paramètres afin de survivre, il s'agit aussi de profiter d'une opportunité historique en transcendant nos méthodes primitives et féodales pour créer un formidable paradis de vie pour chacun d'entre nous.

# Une pause pour réfléchir

Avant d'aller plus loin j'aimerais m'adresser en les regardant bien droit dans les yeux, à ceux qui disent que «telle chose n'est pas possible » ou bien que « les gens sont trop ceci ou cela pour que cela arrive ».

Cela n'a aucun sens. Nous pouvons faire *parfaitement* tout ce que nous voulons. Nous ne sommes pas de malheureux passagers piégés par un destin figé. Nous sommes des créatures qui s'adaptent très facilement – comme notre remarquable succès évolutif le prouve déjà. Mais tout ou presque de ce que nous attendons de la vie actuellement est basé sur une *culture savante et prédatrice.*

Arrivant dans ce monde nous sommes comme un canevas vierge, nous pouvons alors nous programmer nous-mêmes de toutes les manières.

Considérons un instant la diversité et l'étendue du comportement humain, à travers le monde, façonné par la culture locale. Prenons un lointain berger de Patagonie, un fidèle sherpa du Népal, une femme pleine de ressource d'une tribu Zoulou, une star pornographique américaine, un général Nazi brutal ou un fondamentaliste islamique ; un playboy milliardaire, un mendiant de la rue, un moine célibataire silencieux, une mère célibataire avec quatre enfants, un prodigieux adolescent entrepreneur, un alcoolique sans espoir.

Une fois que vous renoncer à juger le comportement bon ou mauvais de l'un ou de l'autre, vous pouvez commencer à apprécier le fait que tous représentent de *vastes expressions différentes d'une même créature*, et ceci est vraiment une bonne nouvelle ! Cela nous montre à quel point nous sommes impressionables par rapport à notre environnement immédiat et à notre système de valeurs.

Remarquez comment la société occidentale est facilement formatée par la culture pop, le dernier film, les personnalités du show-biz, les tendances de la mode, les derniers gadgets qu'il faut absolument avoir, la meilleure start-up de la Silicon Valley. Remarquez comme nous devenons excités en apprenant les scandales des célébrités n'ayant strictement aucun rapport avec nos vies.

Que vous l'aimiez ou pas, nous, les êtres humains, sommes des créatures extrêmement maléables et impressionables. Mais ce sont de bonnes nouvelles parce que cela nous montre que nous pouvons nous adapter. Nous devons juste nous « programmer » de la « bonne manière. »

La seule chose que nous pourrions dire avec certitude concernant la « nature humaine » est que nous sommes tous pré-programmés pour une seule chose : *survivre*. Tout le reste concernant notre comportement provient de ce programme. Le désir de réussir, de vivre dans l'abondance, d'être reconnu, de procréer – toutes ces attractions ne sont plus ou moins que des extensions de notre désir personnel de survivre.

Lorsque quelqu'un dit « les gens sont égoïstes », il se réfère en fait à l'environnement qui enseigne et récompense ce comportement égoïste.

En résumé, lorsque nous regardons de très près tout ce qui est possible dans une société humaine, nous réalisons que *nous pouvons créer tous les types de sociétés que nous voulons*. Et aussi longtemps que cette société couvrira les désirs de base de survie du peuple, elle sera florissante.

# Qu'est–ce qu'une Economie Ouverte ?

Je comprend le terme « Economie Ouverte » comme suit :

> ➤ **ECONOMIE** : mot français signifiant *la gestion des ressources matérielles* en l'associant au mot grec ancien « *oikonomia* », signifiant *administration d'un foyer.*[3]

> ➤ **OUVERTE** : concept venant de l'industrie des logiciels libres « open source » (NdT : source *ouverte* à tous) : *décentralisée, partagée, libre,* et de la définition générale du dictionnaire : *non-restrictive, honnête, transparente.*

Par conséquent je la définis ainsi :

Une Economie Ouverte consiste à appliquer un modèle ouvert de redistribution à un système économique traditionnellement fermé. En d'autres mots, au lieu d'avoir des individus ne recherchant que leur bénéfice personnel, il existe une compréhension commune permettant à tout le monde de faire profiter tout le

---

3  Dans le langage moderne la véritable signification du mot « économie » s'est perdue dans des théories grandement alambiquées et à mon avis, dans une pseudo-science particulièrement dangereuse. L'économie est un concept simple : *comment distribuer des ressources efficacement et équitablement.* Comme je dis souvent, pour définir l'économie pensez seulement enfants et pommes – toute définition plus compliquée n'est rien d'autre qu'une mascarade, nommée science économique.

monde, incluant soi-même.[4]

Bien sûr, une Economie Ouverte n'est pas *seulement* une économie. C'est une approche globale pour faire fonctionner une société humaine de façon optimale avec compassion, servant équitablement à tout le monde. Ceci ne peut être réalisé qu'en sortant des contraintes traditionnelles du commerce et de la gouvernance et en agréant à un but commun.

Tout le monde veut vivre dans un monde meilleur – il n'y a aucun doute là-dessus. Chacun d'entre nous travaille durement pour se procurer une meilleure vie personnelle, mais l'industrie et la déconnexion qui en résulte rendent en fait les choses pires pour tout le monde.

Une Economie Ouverte consiste à changer conjointement nos priorités pour un but commun. Il faut comprendre que la pensée égoïste n'est plus au service de notre intérêt à long terme. Si chacun d'entre nous acceptait de prioriser le « nous » au « je », *nous* y trouverions tous un avantage.

Par exemple, imaginez sept personnes pêchants des poissons dans un bassin. Chacun va essayer d'attraper le plus de poissons pour se nourrir lui-même. Tout le monde pêchant plus ou moins au même rythme, sans

---

4  Pour enlever toute ambiguïté : dans les sciences économiques traditionnelles, le terme « d'Economie Ouverte » se réfère à la pratique du commerce international au niveau d'un pays. Ce n'est *pas* la définition à laquelle je me réfère ici.

qu'aucun d'entre eux ne s'arrête pour considérer la meilleure façon de gérer la ressource ou bien de maintenir la qualité de l'eau, parce qu'en agissant ainsi il y aurait un risque de prendre moins de poissons. Au final, par manque de gestion, il n'y aura plus de poissons.

Ou bien, l'autre issue possible est qu'une ou plusieurs personnes développent un meilleur outil ou une meilleure technique pour attraper les poissons. Rapidement, ils auront tout les poissons, laissant les autres soit affamés, soit de quelques façons, soumis; p. ex. en devant acheter leurs poissons.

Cet exemple montre très bien que le travail d'équipe est de loin la meilleure approche. En acceptant de travailler ensemble et en désignant des personnes pour certaines tâches tel que la gestion des ressources, la préparation et la cuisson des poissons ou bien la création de nouvelles techniques, le groupe s'assure de la bonne gestion des stocks et que les meilleures techniques durables soient employées au bénéfice de tous.

En d'autres termes, les gens *transforment leurs buts égoïstes en un intérêt de groupe*. C'est ce que font les entreprises florissantes, elles employent des équipes unies dans un but commun : de plus grands profits pour la compagnie. Être uni dans ce but crée une bonne productivité.

Nous sommes maintenant sept milliards de personnes autour du bassin à poissons que nous appelons la Terre. Il n'y a *ni* but commun *ni* effort de coordination d'équipe pour gérer notre société et la biosphère de façon équitable et durable. Le commerce, les gouvernements et la division empêchent que cela n'arrive.

Dans une Économie Ouverte, nous transcendons ces limitations, nous redressons nos actions et nos priorités individuelles afin que tous comprennent et s'unissent pour ce but commun : créer une meilleure vie pour tout le monde, et ce faisant, créer une meilleure vie pour chaque individu.

# Nos priorités

De la manière dont je le vois, nous vivons chacun dans trois « domaines » :

- **Moi-même** (incluant vos proches)
- **Ma Communauté** (voisins, pairs, collègues)
- **Mon Monde** (tout le reste)

Nous les classons dans cette ordre, ce qui est tout à fait normal. Ce qui n'est pas correct cependant est comment nous espaçons ces priorités. Si nous représentions ceci sur une échelle, disons à dix niveaux, cela pourrait ressembler à ceci :

1. **Moi-même**
2.
3.
4.
5. **Ma Communauté**
6.
7.
8.
9.
10. **Mon Monde**

Cela vous ne dit rien ? Vous placeriez peut-être les

choses légèrement différemment, mais vous en avez une idée. Si ce n'est toujours pas évident, alors considérez ce qui suit : (ceci peut paraître un peu bancal)

1. **Moi-même**
2. Mes Biens
3. Ma Religion / Mes Croyances Spirituelles
4. Mon Statut Social / La Vision des Autres
5. **Ma Communauté**
6. Mon Équipe Sportive Favorite
7. Mon Travail / Mon Entreprise
8. Mon Pays
9. Mon Émission TV Favorite
10. **Mon Monde**

Évidemment, ceci n'est pas à prendre à la lettre, ce n'est qu'une simple démonstration, mais c'est assez clair que *nos priorités pour les choses non essentielles à notre vie sont trop élevées et celles qui sont essentielles sont trop basses.* Quelles que soient nos croyances envers le sport et la religion nous ne pouvons littéralement pas survivre sans notre communauté et notre monde et pourtant nous ne leur donnons pas la bonne place.

Nous devrions attribuer la même attitude religieuse que nous avons pour notre pays, notre famille ou nos croyances spirituelles à notre *entière communauté de vie et à la maison planétaire que nous partageons.*

Ceci n'est pas un idéal hippie. Ceci n'est pas une utopie fantasque. Ceci n'est pas du communisme. C'est juste de la *physique*.

Nous sommes tous inextricablement liés les uns aux autres et à notre vivante maison planétaire. La compétition à l'intérieur d'un système clos mène à l'autodestruction.

Evidemment, quand on en vient aux priorités nous ne pouvons mettre personne d'autre en avant que nous-même – cela n'aurait aucun sens. Seulement nous avons besoin de nous rapprocher de :

1. **Moi-même**

2. **Ma Communauté**

3. **Mon Monde**

4. ...tout le reste...

5. ...tout le reste...

Ces trois domaines sont essentiels à nos vies. Nous devrions avoir le plus grand respect pour chacun d'eux, les comprendre et considérer leurs interconnections comme fondamentales pour notre être.

## Changer nos priorités

Alors, comment pouvons-nous changer nos priorités ? De deux manières.

La première est de prendre la même voie que nous avons auparavant mal utilisée : en entrant en campagne par l'intermédiaire des médias de masse et de la publicité. Nous avons déjà tous les outils en place pour le faire : la TV, la radio, la presse et l'internet.

De la même manière dont on nous a enseigné le consumérisme, l'insécurité et la convoitise, notamment par les publicités à répétition, nous pouvons aussi disséminer un système de valeur révisé montrant les bénéfices pratiques d'un travail commun afin de prendre soin de nous et de la planète.

Un bon exemple est le domaine du recyclage avec lequel nous avons fait d'énormes progrès, en changeant notre comportement – via de larges interventions des médias. En moins de vingt ans la société occidentale a changé sa façon de traiter les déchets et a accueillit le recyclage, grâce à ces campagnes médiatiques.

Il n'y a pas de doute que lorsqu'une fois qu'une nouvelle facon de penser devient à la mode, elle se répand comme un feu de brousse. Les médias nous ont bien demontré cela plus d'une fois. Commençons alors à admettre tout simplement combien nous sommes impressionables et socialement motivés ; pourquoi ne pas utiliser ce fait à notre avantage ?

Si nous pouvons être programmés pour adorer des idoles, obéir aux autres, acheter des trucs toxiques et être distraits par des nouvelles sans importance, nous pouvons alors aussi  bien être programmés pour se soucier de ce qui est important et pour agir pour le plus grand bien commun.

En bref, nous avons besoin de commencer à nous reprogrammer avec les « bons éléments ».

La deuxième manière pour changer nos priorités peut se faire dans nos actions quotidiennes. Puisque nous sommes des êtres sociaux, nos habitudes se partagent rapidement. Ceux d'entre nous qui sont déjà conscients de la façon dont nos priorités doivent être changées, peuvent « être le changement » en améliorant leurs habitudes afin de refléter la nouvelle manière de penser. Beaucoup de personnes agissent déjà ainsi et cela se répand vite.

Le recyclage est juste le début. Cela ne s'arrête pas là. Nous devons changer nos habitudes d'une manière plus globale, s'engager plus dans nos communautés, se reconnecter avec la nature, partager ce que nous pouvons et s'offrir inconditionnellement de l'aide les uns les autres.

Partager est peut-être la plus puissante et la plus claire

démonstration de notre intention. Mais soyons clairs. Par partager je ne veux pas dire que le monde entier doit se tenir la main et chanter des chansons de scout. Cela n'est pas prêt d'arriver. Je veux dire que le partage entre les personnes et dans la communauté doit devenir une *seconde nature* et doit faire partie des *courtoisies humaines de base* comme la politesse et les manières.

Imaginez combien rapidement le monde pourrait changer si le partage inconditionnel devenait épidémique ?

# Supprimer nos limites artificielles

Tout ce qui divise, contraint les gens et qui n'existe pas dans la réalité provient d'une construction sociale artificielle. De telles divisions entre les gens restreignent le comportement moral normal et créent l'inefficacité, l'inégalité et l'animosité. Par exemple :

> ➤ Les frontières – restreignant le libre mouvement des personnes

> ➤ L'argent et le commerce – limitant l'accès aux ressources

> ➤ Les classes sociales – créant l'inégalité des richesses

> ➤ La propriété exclusive – réduisant l'accès aux ressources potentiellement partagables

> ➤ Les états et les lois – contraignant les droits des citoyens

> ➤ la propriété intellectuelle - réduisant la possiblité d'améliorer le travail des autres

> ➤ Les religions et les races – créant de l'hostilité culturelle et tribale[5]

---

5  Les combats entre les races et les religions peuvent presque toujours être résumés à des combats entre classes sociales ou bien pour des ressources naturelles et non pas entre des cultures.

Puisque nous commencons à changer nos priorités pour l'essentiel, les constructions sociales artificielles qui divisent les gens deviendront plus évidentes – et leur inutilité aussi.

Ces divisions, tout comme les lois, existent seulement à cause d'un manque de compréhension et d'empathie.

Puisqu'elles existent uniquement dans notre imaginaire collectif, le seul moyen de les enlever est de les « des-imaginer ». Un contraste énorme se dessinera en les comparant simplement aux choses qui ont vraiment de l'importance. Quand nous focaliseront collectivement sur les choses réélles, l'imaginaire disparaîtra de lui-même. Nous donnons toujours la priorité à ce que nous voyons.

L'histoire est remplie de « faits » devenus rapidement obsolètes lors de la venue d'une nouvelle pensée. Souvenez-vous que fumer du tabac était bon pour vous ? Ou bien quand les gens de couleur et les femmes étaient perçus comme inférieurs ? Ou quand le Soleil tournait autour de la Terre ?

Nos idées et conceptions se développent en continu. Un jour toutes nos nations ne seront que des régions géographiques. Les classes sociales, la pauvreté et les inégalités seront des curiosités de l'histoire. L'argent et le travail obligatoire – inimaginable.

Et lorsque nous dissolverons ces divisions imaginaires, nous deviendrons automatiquement plus connectés et notre compréhension des autres grandira.

La compréhension est la clé de l'empathie et de la compassion – et au final de la paix.

# Vivre dans une Économie Ouverte

La plupart des gens qui ont déjà porté attention au sujet d'une société sans argent sont conscients que nous avons déjà la technologie pour créer un monde d'abondance, sans les contraintes ni les inégalités du commerce et de la gouvernance, le travail humain pouvant être efficacement automatisé.

Sans la rareté et avec une réduction du travail, l'argent devient effectivement obsolète. C'est la théorie. Mais ce n'est ni toute l'histoire, ni assez convaincant pour la plupart des gens qui découvrent cette théorie.

A mon avis, cette sorte de super société avancée sans argent à la « Star Trek », est toujours assez loin devant nous – non pas parce que nous manquons de technologie – mais parce que nous n'avons pas la compréhension requise pour la faire fonctionner.

Une société libre ne devrait être que cela – non limitée, auto-déterminée et auto-organisée pour le bénéfice optimal de tous. En fait nous n'avons pas besoin de technologie pour accomplir ceci, nous avons seulement besoin de changer collectivement nos priorités. Alors, comment se passe les affaires quotidiennes en général dans une Economie Ouverte ? Comment la société fonctionnerait-elle ? Dans une société libre, comment maintenir un certain niveau d'ordre et d'efficacité sans coercition ?

# La Gravité Sociale

Commençons par définir le concept de Gravité Sociale – c'est le ciment de base qui maintient la cohésion de la société. En gros nous préférons faire les choses ensemble. Par conséquent nous gravitons à l'intérieur de groupes, d'équipes, de villages et de villes.

Ceci vient d'un simple besoin basique humain – l'instinct grégaire. Toutes nos villes, nos cultures, nos religions, même notre grandiose contrat social non écrit d'être bon les uns envers les autres – proviennent de cet instinct.

La Gravité Sociale est la force qui nous lie naturellement – et qui maintient même la cohésion de notre vieux système injuste, avec toutes ces failles. C'est parce que la plupart des gens préfèrent accepter un consensus plus large au lieu d'appliquer une nouvelle pensée radicale. Le simple fait que notre système soit maintenu avec ses injustices et ses souffrances visibles au grand jour, nous montre la puissance de cette Gravité Sociale.

Maintenant imaginez la puissance de cette force mise au service d'une société qui promeut la vie, la santé, la diversité et le bonheur pour tous. La Gravité Sociale est la *force primaire* qui lancera l'Economie Ouverte et la fera aussi fonctionner.

De nos jours, la plupart des défenseurs de l'Economie Ouverte combattent la Gravité Sociale lorsqu'ils rencontrent la résistance des gens à changer leurs idées et leurs normes familières. Mais nous savons que ceci est en train de changer de plus en plus, parce que les gens commencent eux-mêmes à remettre en question la logique et l'injustice du système prévalent.

Plus les gens changent leur point de vue, plus ils « normalisent » un environnement bienveillant, aidant ainsi les autres à faire de mêmes. C'est pourquoi c'est important de faire connaître cette nouvelle façon de penser. Et même s'il ne sont pas d'accord sur le moment, vous aurez au moins servi de référence pour eux plus tard.

La Gravité Sociale est ce qui maintiendra l'ordre, l'équilibre et l'efficacité dans l'Economie Ouverte. Plus les gens en bénéficieront, plus cette force deviendra puissante.

# Auto–Détermination

La plupart des gens ne comprennent pas le vrai sens du terme anarchie – à un tel point que j'ai pratiquement renoncé à l'utiliser. Au cours des années les médias et la pensée dominante ont rendu confus sa signification en l'associant au désordre, au chaos et à la violence. Mais ce n'est pas de l'anarchie – c'est seulement un effondrement du système oppressif.

Nos écrans de télévisions sont souvent remplis d'images de jeunes gens révoltés, jetant des pavés et pillant des magasins avec l'énorme sous-entendu qu'ils sont devenus « sans loi » ou bien que « la loi et l'ordre » doivent d'être restaurés. Ceci est un très sérieux malentendu.

Ce type de scènes n'est en fait qu'une *réaction à l'oppression*. Ce qui a pu se produire *avant* est ce qui a créé ces situations. Ceci est de la *colère*, pas de l'anarchie. Il ne faut pas l'oublier.[6]

La meilleure façon de décrire ce qu'est l'anarchie est de regarder le monde animal. En gros, les animaux sont des créatures paisibles qui coexistent joyeusement entre elles dans un environnement en équilibre.[7] Un

---

6  On ne peut pas vous en vouloir si vous pensez que ce « malentendu » est délibérement créé par les médias. ;)

7  Un environnement en équilibre est un environnement où la rareté et les

animal est violent seulement lorsqu'il a besoin de tuer pour manger ou bien lorsqu'il se sent menacé.

C'est de l'auto-détermination – le *comportement naturel de tout être vivant*. Lorsque la survie n'est pas menacée un comportement paisible est naturel chez tout animal, les humains inclus. C'est évidemment plus simple que la violence.

Les livres d'histoire et les médias sont remplis de références à une culture aggressive, d'actes de violences et de tortures haineuses – un humain opposé à son prochain. Ceci donne une impression durable d'un Homo sapiens sanguinaire, matraquant sans discrimination tout ce qui se présente sur son chemin pour arriver à ses fins. Mais ceci est une *fausse* impression et encore une autre incompréhension dangeureuse du monde et de nous-mêmes.

La raison en est simple. Guerres, conflits et aggressions rendant les histoires plus intéressantes sont ainsi toujours rapportés dans les médias et lus dans nos livres d'histoire. Parce que la paix et la non-violence sont en grande partie ennuyantes elles ne sont pas rapportées, bien que celles-ci encore une fois constituent probablement 99,999 % du comportement humain.

Pour chaque dément prenant une arme et commençant

---

territoires ne sont pas un problème. Dans une Economie Ouverte le renouveau de la confiance et de l'abondance apporterait cet équilibre.

à tirer sur les gens, il y a des millions et des milions d'autres personnes qui ne le *font pas,* mais nous n'entendons jamais parler d'eux. D'un point de vue statistique la réalité de notre expérience humaine est presque essentiellement paisible.

Une société auto-déterminée n'utilise pas de loi car elle n'en a pas besoin. Les lois a été créées pour protéger les intérêts privés et pour imposer le paiement des taxes. Dans un monde d'abondance avec une plus grande connection et de connaissance de soi, ces lois deviennent inutiles.

Nous sommes des êtres sociaux. Nous *voulons* vivre bien ensemble. Nous expérimentons tous l'esprit de l'humanité chaque jour lorsque nous sommes aidés par nos collègues de travail ou d'étude, nos amis et nos familles, des inconnus – ceci même en temps de crise. Sans stress venant de l'extérieur les gens se comportent bien entre eux.

Aussi longtemps que la société pourvoit au besoin de chacun d'entre nous, plus besoin de compétitions ni de comportements nous amenant à tuer ou à mourir pour qui ou quoi que ce soit.

Bien évidemment nous ne pouvons pas nous attendre à ce que l'auto-détermination écarte tout acte de violence insensé ou de comportement anti-social, mais dès que la pénurie disparaît de nos vies nous pouvons certainement nous attendre à une réduction très importante de ceux-ci. (Voir *Stratégies anti-aggressivité, p.71*)

Cela vaut la peine de faire remarquer que la violence insensée et le comportement anti-social *sont déjà des évènements quotidiens* dans notre système légiféré – ils existent presque tous à cause de la rareté et des inégalités. C'est franchement absurde de penser que de tels comportements pourraient augmenter dans une société d'abondance et de compassion.

# Frontières Naturelles

Imaginez un invité logeant dans votre maison dans une des chambres. C'est votre maison, dans laquelle vous pouvez aller où bon vous semble, mais même si votre invité n'est pas dans sa chambre vous ne vous sentez pas en droit d'y entrer pour chercher quelque chose sans son autorisation.

Cette sensation de ne-pas-se-sentir-à-sa-place fait partie de notre sens naturel commun de respecter les limites personnelles d'autrui. On ne se sent pas d'aller trop loin.

C'est le sens naturel du respect de l'intimité et des limites des autres. De là vient notre notion moderne de propriété – et pas l'inverse. La propriété est une tentative de formaliser et de quantifier ce sens intérieur. Nous savons bien sûr à quel point le mécanisme de la propriété exclusive a causé des problèmes en monopolisant les ressources, en concentrant les richesses et en marginalisant ceux qui ne peuvent pas payer le prix demandé.

Dans une Economie Ouverte, l'incapacité de concentrer les richesses et d'accaparer les ressources n'aura aucun effet sur nos droits naturels et implicites de propriété. La maison que vous possédez aujourd'hui sera aussi bien vôtre dans une Economie Ouverte grâce à ce sens naturel des limites personnelles et à notre respect de l'intimité.

# Enseignement Ouvert

Afin de donner la moindre chance de succès et de survie à une Economie Ouverte, une réforme radicale du système éducatif en place est essentielle. En gros, notre système actuel valorise la lecture, l'écriture et le calcul, et pourtant ces valeurs sont éloignées des qualités importantes que nous devrions acquérir.

Un enfant dés son plus jeune âge *doit* avoir accès aux informations les plus importantes, l'aidant à vivre une vie riche et remplie avec toutes les capacités nécessaires pour développer au mieux le soi et les relations interpersonnelles et communautaires. Ces informations peuvent être aisément données aux enfants indépendemment de leurs niveaux de connaissance.

La meilleure approche, je pense, est de commencer avec les trois domaines que j'ai mentionné plus haut : Le *Soi*, la *Communauté* et le *Monde*. A l'intérieur de chacun de ses trois domaines peuvent être enseignées trois valeurs : la *Conscience, le Respect* et la *Compréhension*.

La conscience de Soi, de la Communauté et du Monde sont les bases menant au respect puis à la compréhension. Les aspects pratiques de ces valeurs sont appris quotidiennement à partir de celles-ci. Je vais developper quelques exemples extrapolés à partir de ces notions fondamentales :

### Conscience

➢ **Le Soi** : la *réalisation de soi ; les fonctions basiques du corps ; la vie ; le souffle ; les sens ; l'auto-conscience ; la méditation.*

➢ **La Communauté** : *la position dans la communauté ; affirmation de l'égalité, de la confiance, de la compassion et de l'empathie.*

➢ **Le Monde** : *sa place dans le monde ; le cycle de la vie ; les autres espèces ; l'équilibre de la nature ; la chaîne alimentaire.*

### Respect

➢ **Le Soi** : *l'estime de soi ; le respect et la responsabilité.*

➢ **La Communauté:** *le sens de la parenté et de l'empathie.*

➢ **Le Monde** : *la fragilité des systèmes de vie, les ressources..*

### Compréhension

➢ **Le Soi** : *les bases de l'anatomie ; l'hygiène ; la nutrition ; l'hydratation ; la gestion des sentiments négatifs ; la résolution des problèmes ; la préparation* *culinaire ; la créativité ; la réalisation pleine du potentiel.*

> **La Communauté:** *le but du partage ; les services communautaires ; la gérance ; le travail d'équipe ; les relations interpersonnelles ; une communication efficace ; le sexe ; le rôle des parents et de la famille ; la notion de responsabilité ; la résolution de conflits.*

> **Le Monde** : *les systèmes d'approvisionnement en eau et en nourriture ; les techniques d'agriculture ; la production d'énergie ; l'efficacité ; l'économie, la technologie ; l'amélioration des habitats naturels.*

Notre modèle d'éducation actuel comporte aussi de la conformité et de l'apprentissage par coeur, ce qui n'amène pas les élèves à la créativité ni à l'individualité. Principalement à cause du système du professeur unique et du contrôle standardisé. L'enseignant dans cette environnement est habituellement sous pression à cause de l'obligation de résultat et ne devient rien de moins qu'un dictateur de faits.

Dans un système d'Education Ouverte nous pouvons employer des techniques d'enseignement de groupe – réunissant les élèves entre eux afin qu'ils puissent faire leurs propres recherches et ceci en tant que groupe. Ainsi l'apprentissage devient une expérience sociale et multi-directionnelle, avec un professeur étant simplement au gouvernail pour aider les élèves à trouver les informations voulues.

De même dans l'apprentissage en groupe – et sans contrôle standardisé – il n'est pas nécessaire de séparer les élèves selon leur âge. Les élèves de tout âge ont quelque chose à apprendre que cela soit par la découverte, l'instruction ou même en enseignant eux-mêmes aux autres élèves.

Les classes d'âges mixtes nous débarrasserait aussi de la compétition irréaliste entre les enfants du même âge et de même développement, tout en reflétant une image bien plus précise du monde réel.

Les contrôles académiques standards seront remplacés par des contrôles périodiques des aptitudes afin d'orienter les étudiants d'une façon optimale en fonctions de leurs capacités.

Le premier but de l'apprentissage devrait être de former des adultes pouvant atteindre le sommet de leur potentiel unique avec une fine compréhension – et un respect – du monde, de la communauté et de la *personne* qu'ils sont.

Dans une société plus juste, l'éducation serait plus plaisante, engageante, tranquille, auto-programmée et donnerait l'opportunité aux enfants de créer leurs propres chemins sans la peur de l'échec.

Naturellement, les langues, l'arithmétique et les connaissances générales seront toujours enseignées dans un système d'Education Ouverte mais les leçons essentielles et pratiques sur la vie, le respect and les relations sociales *devront être prioritaires* pour rendre les gens meilleurs et plus heureux.

*Remarque : il n'y a pas de raison de ne pas appliquer les éléments du système de l'Economie Ouverte au jour d'aujourd'hui.*

# Service Communautaire

La plupart des postes nécessaires seront naturellement occupés par des gens assez passionnés pour s'y consacrer inconditionellement – p.ex. les enseignants, les médecins, les artisans, etc. - mais il y aura évidemment un manque de volontaires pour participer aux fonctions les moins glamour de la société moderne telles que le nettoyage des routes, des égouts, la réfection des bâtiments publics, etc.

Le service communautaire est un concept déjà familier à la plupart d'entre nous bien qu'il soit généralement associé à une peine pour petits délinquants. Mais en fait le service communautaire organisé est indubitablement la manière la plus efficace pour fournir équitablement les services essentiels à la population.

Ce n'est pas parce qu'une société n'est pas basée sur la coercition qu'elle ne peut pas être hautement organisée. Dans la mise en œuvre d'une Economie Ouverte, il sera demandé à chaque membre de la société de contribuer raisonnablement par un minimum d'heures mensuelles à dédier à leur communauté et au bien commun. Cela sera une partie intégrante essentielle dans l'Apprentissage de la Vie pour tout le monde.

De plus, constatez que pour une société sans emplois conventionnels, ces heures de service communautaire représenteraient un engagement insignifiant pour la plupart des gens.

Un agenda des tâches et des services demandés par la communauté pourrait être publié mensuellement, les membres choisiraient de participer en fonction de leurs habilités et dispositions.

Le nombre d'heures recommandées par mois dépendrait naturellement des facteurs locaux, p.ex. ce qui doit être accompli, le nombre d'habitants, les personnes qualifiées disponibles, la complexité des tâches, etc. Mais l'idée de base est de réduire au minimum l'implication des gens en partageant le plus largement possible la charge de travail parmi la communauté.

Les enfants aussi devraient être encouragés à participer activement aux projets de leur communauté depuis leur plus jeune âge – et ceci dans des tâches les plus diverses possibles. Le but serait de les aider à découvrir leurs propres capacités, d'avoir un engagement envers leur communauté et d'acquérir en même temps des expériences de valeur pour la vie.

Il n'y a pas de raison que le travail communautaire dans un monde libre soit pénible ou qu'il ne puisse pas être effectué d'une manière plaisante. Par exemple, avec un peu d'imagination quelques tâches peuvent mêmes être transformées en évènements sportifs lesquels pourraient servir à les accomplir ou bien servir à trouver des solutions plus innovantes.

Le but primordial du service communautaire en apportant les services essentiels est aussi d'amener les personnes à s'engager avec plaisir dans des expériences enrichissantes.

# Allocation des ressources

Une Economie Ouverte n'a pas besoin d'argent ou de gouvernance pour être organisée. Elle nécessite seulement un but commun et un réseau d'information bien agencé afin de maintenir son efficacité. Chaque communauté aurait son propre centre d'information comprenant un inventaire complet des ressources, des personnes et des qualifications disponibles. Une telle base de données serait entretenue et gérée par les utilisateurs et connectée aux autres communautés dans le monde.

La section des ressources servirait de plateforme répertoriant par lieux les offres et les demandes pour que les utilisateurs puissent proposer, trouver et demander les ressources dont ils ont besoin. Par ressources j'entends tout, allant du minerai de fer brut jusqu'à la table de cuisine en bois. Toutes les ressources physiques que les gens veulent partager peuvent être incorporées à cette base de données.

Toute personne cherchant ces ressources lancerait simplement une recherche dans la base de donnée, la trouverait à l'endroit le plus proche et passerait la commande. Si nécessaire, les demandes de ressources pourraient être modérées selon l'urgence et le bénéfice commun.

Par exemple une communauté qui nécessiterait du béton en urgence pour la reconstruction d'un puits serait grandement prioritaire par rapport à un individu demandant la même chose pour construire son garage.

Les systèmes d'offres et de demandes devraient être entièrement transparents afin que le demandeur soit capable de voir son positionnement dans la liste et pouvoir aussi lire les demandes des autres. Un système complètement transparent est le seul moyen pour éviter d'inutiles conflits et incompréhensions.

Des objets nécessitant une livraison pourraient être traités par le système de Service Communautaire dans la section distribution pour trouver un conducteur et un camion disponible pour transporter les biens demandés – si possible sur un trajet de distribution déjà existant.

La section des compétences servirait de répertoire des personnes souhaitant donner de leur temps ou partager leurs talents spécifiques. Les utilisateurs cherchant ces compétences seraient en mesure de contacter directement l'offrant.

Chaque communauté, tout comme aujourd'hui, aurait ses propres « magasins » ou dépôts dans lesquelles les gens s'approvisionneraient en nourriture, vêtements, etc. Le stock de ces magasins serait géré simplement par les gens eux-mêmes, en enregistrant ce qu'il ont pris ou ce dont ils auront besoin. Le système d'offres et de demandes s'autogérant en continu grâce à une mise à jour et une optimisation des données enregistrées par les utilisateurs eux-même.

Tous les producteurs locaux de nourriture et de biens pourront aussi approvisionner le magasin eux-mêmes en apportant leurs excédents. De la même façon les habitants de la communauté pourraient chacun leur tour, gérer ou nettoyer le magasin, etc.

# Gouvernance écologique

Ce n'est pas parce qu'une société auto-déterminée n'utilise pas une gouvernance que cela signifie que nous n'avons pas besoin de chefs et de modèles à suivre. Les chefs sont des gens qui voient plus loin, qui peuvent envisager de plus grandes possibilités, résoudre les problèmes ou qui ont le courage et l'enthousiasme pour inspirer les gens pendant des temps incertains. Dans une Economie Ouverte les gens chercheront toujours des chefs qui les inspirent et les aident.

Cela ne veut pas dire que nous ayons besoin de dirigeants. Les dirigeants n'aident pas ou n'inspirent pas forcément, ils régissent simplement – habituellement sans qualification – créant occasionnellement des diktats.

Cependant certaines structures de gouvernance sont sans aucun doute une bonne manière d'accomplir des tâches complexes. (Pensez au réalisateur de film par exemple.) Dans une Gouvernance Ecologique les chefs d'équipes seraient choisis pour des tâches spécifiques par les équipes elle-mêmes, se basant sur leurs compétences et seulement pour la tâche à accomplir.

Le rôle d'un véritable leader est simplement

d'administrer les désirs des autres ou de juger laquelle des directions suggérées est la meilleure. Une gouvernance de cette forme existerait seulement quand cela serait nécessaire et serait basée sur l'entente commune qu'une fois choisi, le chef aurait le dernier mot sur le sujet pour lequel il a été désigné.

# Promesse d'Engagement au Projet

Dans toute communauté de grands projets devront toujours être entrepris – comme construire un nouveau pont, une route, une école ou un hôpital. Le système de marché actuel fonctionne tout à fait bien en ce sens qu'il définit un budget requis pour la main d'oeuvre nécessaire à l'accomplissement d'une tâche qui va durer plusieurs mois voire plusieurs années.

Dans un monde sans argent la main d'oeuvre volontaire changeante venant d'une communauté locale pour aider aux projets longs et complexes, pourrait s'avérer inefficace ou dans certains cas inutilisable.

La solution serait de proposer une Promesse d'Engagement au Projet, où les travailleurs volontaires s'engagent publiquement à y rester jusqu'à son aboutissement.

Il est raisonnable de penser qu'un projet communautaire de grande ampleur trouverait facilement des volontaires à embaucher, ceux-ci en bénéficiant directement, mais un plus grand engagement leur est demandé.

Chaque participant pourrait assister à une cérémonie de lancement du projet où chacun   donnerait sa promesse d'engagement. Il est important que les chefs de projets recherchent un engagement entier des participants dès la *conception*, afin que les volontaires s'investissent eux-mêmes personnellement et émotionellement pour le succès du projet. Dans un travail d'équipe personne ne veut être « celui qui a abandonné ».

Comme tout service communautaire, les grands projets auraient pour effet important de créer des expériences sociales agréables pour leurs participants.

Comme la technologie s'améliore et est de plus en plus généralisée, les projets de très grande importance requéreront clairement de moins en moins de main d'oeuvre, mais une Promesse d'Engagement au Projet pourrait être une solution provisoire viable.

# Système de Récompense Communautaire

La notion de récompense est clairement ancrée fermement dans notre culture. Je ne suis pas sûr si transgresser celle-ci serait une bonne idée.

Beaucoup de sympathisants de l'Economie Ouverte croient que nous pouvons surpasser l'égo. Je n'en suis pas si sûr, car le fondement de l'égo fait partie de notre mécanisme de survie et dans sa plus haute forme il représente notre individualité. Dans la période de transfert du système basé sur le marché vers une Economie Ouverte, je crois qu'il serait utile de maintenir une sorte de système symbolique de récompense ou d'honneur.

Un Système de Récompense Communautaire[8] serait une méthode symbolique de gratification – un outil qui fournirait un moyen de récompenser et de démontrer votre appréciation pour la personne de votre choix, par là même augmentant sa réputation publique.

Les récompenses n'auront aucune valeur pratique et seront simplement des témoignages d'estime. Dans un monde fait uniquement de volontariat, l'appréciation est une motivation de valeur.

---

8   Un bon exemple existe déjà aujourd'hui. HonorPay (honorpay.org) a beaucoup d'utilisateurs et permet d'encourager et de récompenser les gens sans utiliser des statuettes ou de la monnaie.

# Plateforme de Propositions Ouvertes

Pour des sujets concernant un grand nombre de personnes, il serait sensé d'avoir une plateforme ouverte pour que chaque individu puisse voter pour des décisions affectant tout le monde, se faire entendre et proposer sa propre résolution.

Ceci serait simple à réaliser avec un système informatique communautaire et semblerait être un prérequis de base pour une société ouverte.

Chaque membre pourrait proposer toute idée d'amélioration pour la communauté, puis les autres voteraient pour ou contre et commenteraient la proposition. Ceci serait un outil d'une valeur inestimable pour la gestion de la communauté.

Avec surprise, il sera finalement peu utilisé parce qu'une société plus consciente et faite d'abondance aura probablement arrêté de réduire tout à un choix binaire et ne laissera plus derrière elle des minorités mécontentes !

Cependant il pourrait y avoir un autre but bien plus utile et intéressant pour une telle technologie, si elle était mise en place aujourd'hui.

De nos jours, même dans les pays sois-disant démocratiques, les décisions les plus importantes concernant des choses telles que les budgets, les lois, les emplois ou les conflits étrangers ne sont jamais soumises à un référendum.

La création d'une plateforme de sondage publique donnerait aux gens l'opportunité de « voter » sur chaque problème affectant leur vie. Même si ce vote n'a pas de valeur « officielle » il leur permetterait toujours de faire entendre leur voix collective. Par exemple, il serait bien plus difficile pour le gouvernement d'un pays de poursuivre sa politique avec une plateforme de vote ouverte montrant clairement qu'une large majorité de la population n'est pas en accord avec.

Une telle plateforme pourrait jouer un rôle très important de catalyseur pour le changement et aussi apporter la technologie requise pour la société d'après.

# Médiation Créative

Quoi que nous fassions pour créer le monde que nous voulons voir, il y aura toujours des conflits entre les gens, que ce soit à propos des relations humaines, des croyances personnelles ou bien des revendications sur la possession des terres et des propriétés. Cela fait partie du fait humain. Nous ne sommes pas parfait – ce que nous devons accepter de facto !

Résoudre les conflits le plus rapidement possible est de loin la chose la plus cruciale à faire. Les problèmes non résolus créent stress, animosité et amplifient les peurs. Ceux-ci sont les ingrédients explosifs à la base des aggressions et des guerres, le plus tôt la solution est trouvée, le mieux c'est.

Quand les gens sont incapables de trouver une solution par eux-mêmes, il semblerait raisonnable pour les deux parties de nommer un médiateur indépendant qui aurait leur confiance mutuelle pour trouver une solution. (Le médiateur pourrait être n'importe quel membre de la communauté désireux d'aider.)

Mais définissons d'abord ce que « solution » signifie. Dans le monde d'aujourd'hui, les résolutions de conflits sont habituellement le fait de la loi et des tribunaux. Ce qui se termine presque toujours par le résultat binaire d'un gagnant et d'un perdant. En théorie, il n'y a pas de mal à cela, mais afin de créer une société stable et durable, *personne* ne devrait jamais être le perdant.

Par exemple, prenons deux parties A et B réclamant les droits de propriété et un médiateur – agissant dans l'intérêt de la communauté – qui décide que A est la plus méritante, il va donc satisfaire A et la communauté, mais laissera B perdante. Même si B peut accepter cette résolution, elle restera avec un sens personnel d'injustice et/ou d'humiliation pouvant servir de ferment aux ingrédients précédemment cités menant à l'aggressivité. Ceci n'est pas nécessaire.

Je propose que chaque partie devrait en premier exprimer l'une à l'autre son exigeance et une résolution du conflit, ensuite à tour de rôle, encourager à donner une palette de solutions remplissant les requêtes de chacune d'entre elles – peu importe la faisabilité de ces solutions. Cet exercise psychologique amplifie l'empathie créant ainsi un sentier menant à une solution mutuellement bénéfique.

Dans une Economie Ouverte nous ne devrions *jamais* accepter une résolution qui marginalise, ne serait-ce qu'une seule personne. C'est trop facile. Il y a *toujours* une solution créative qui mène à une sortie optimale – et de préférence à un niveau supérieur – pour tout le monde et rien ne devrait être considéré résolu sans avoir atteint ce niveau de solution.

Une fois les limites de la société traditionnelle enlevées, de nombreuses solutions apparaissent. Par exemple, personne ne réclamerait votre maison, s'il existait la possibilité d'en avoir une bien plus belle ailleurs.

La médiation créative consiste à trouver cette admirable solution qui est de combler les attentes des deux parties. Nous ne devrions pas nous contenter de moins. Les meilleurs médiateurs ne sont pas nécessairement les plus sages, mais ce sont les plus flexibles et les plus créatifs en ce qui concerne la résolution de problème.

# Stratégies anti–aggressivité

La mise en œuvre d'une Economie Ouverte est sans doute la meilleure manière pour réduire les comportements socialement aberrants et leurs incidences, mais bien évidemment comme nous ne sommes pas parfaits, quelques violences et comportements anti-sociaux apparaîtront toujours – bien que de moindre ampleur.

Avoir un système de lois et de mesures pré-écrites pour combattre le « crime » ne sera ni possible ni désirable dans une société auto-déterminée, alors quelle est la solution ? Comment empêchons-nous les gens de perpétrer la violence sur autrui ? Comment empêchons-nous les gens d'abuser de leur pouvoir ? Comment punir les gens ? Devons-nous les punir en général ?

La réponse est simple : appliquer le bon sens.

Chaque situation est unique et devrait être traitée avec bon sens selon la situation et en prenant en compte l'ambiance locale et les gens impliqués. La Médiation Créative peut être appliquée pour résoudre les conflits et trouver une issue optimale si possible, sinon, si quelqu'un continue à rendre la vie difficile aux autres ou bien à être violent, il va de soi qu'il a besoin d'être stoppé.

Par exemple, le bon sens vous dit que vous ne devez pas laisser un tireur continuer sa tuerie sans intervenir. Il va falloir évidemment l'arrêter. Comment et dans quelle mesure, ceci doit être déterminé par les conditions. Des mesures drastiques peuvent être nécessaires.

Dans le cas de quelqu'un qui doit être emprisonné il serait crucial de le réintégrer le plus tôt possible dans la communauté, parce que c'est le meilleur espoir pour l'individu de réévaluer ses actions et son comportement. Les gens qui se sentent mis en valeur et appréciés par autrui sont rarement aggressifs.

Dans le monde d'aujourd'hui, une prison sert seulement d'endroit pour enfermer les gens et les rendre inoffensifs, mais il y a plein de stratégies et de techniques à notre disposition qui peuvent être employées et améliorées, mais celles-ci ont un coût en argent et en personnels qualifiés trop élevé pour être utilisées.

Une Economie Ouverte n'aurait pas de telles restrictions – et probablement beaucoup moins de détenus – avec plein de bons conseillers à disposition, assez passionnés pour se consacrer à cette tâche le temps nécessaire.

Mais la détention reste la détention, elle doit être évidemment considérée en dernier ressort dans une

Economie Ouverte, mais appliquer le bon sens ne signifie pas qu'il ne faut pas agir avec force lorsque les circonstances le demandent.

# Un Phare Communautaire

De façon à prévenir le déclin social ou une régression vers l'ancien système féodal, une Economie Ouverte requiert un système d'avertissement précoce pour se protéger. Celui-ci pourrait peut-être être incorporé à la plateforme de Propositions Ouvertes et agir comme un système immunitaire pour la communauté dans son ensemble.

S'il y a des problèmes quelque part à propos de ressources ou de personnes, où la qualité de la vie n'est plus optimale, alors les membres de la communauté devraient être capable de lancer des alertes – anonymement si souhaité – pour avertir l'ensemble de la communauté du ou des problèmes.

Comme auparavant mentionné, la rapidité est la clé pour rendre les solutions efficaces et appliquer une approche de résolution des problèmes.

Par exemple, prenons un village isolé ayant des problèmes de ressources vitales à cause des actions d'un fermier local. Ignorer un tel problème mènerait à des confrontations violentes lesquelles en retour pourraient créer des répercussions menant à un conflit plus important, etc.

Le système de Phare Communautaire pourrait alerter

les communautés avoisinantes afin qu'elles interviennent rapidement, impartiallement et trouvent une solution par Médiation Créative ou bien, en cas d'échec, trouvent des moyens alternatifs fournissant les ressources vitales manquantes à ce village. Il peut même mener à alerter le fermier lui-même en lui montrant son impopularité grandissante.

*Tout les conflits majeurs proviennent de petits problèmes non-résolus.* En résolvant les petits problèmes efficacement et à temps nous pouvons complètement éviter les plus grands. Une plateforme de Phare Communautaire semblerait être un pré-requis pour la stabilité durable d'une Economie Ouverte.

# Histoires de « Vies Réelles »

Une des meilleures manières pour amener de nouvelles idées telles que celle de l'Economie Ouverte est de rapporter sous forme de fiction la vie des gens dans différents scénarios et de montrer comment l'avènement d'une Economie Ouverte pourrait impacter et améliorer leurs vies. Voici quelques exemples.

## Geoff le facteur

Geoff est célibataire et en tant que facteur n'est pas étranger aux levers matinaux. Il arrive au centre de tri de la poste chaque jour de la semaine tous les matins à 6h30 pour commencer sa tournée et la finir chaque jour autour de 15h00. Il gagne bien son argent et est très heureux de son appartement au sous-sol.

Quand arriva l'Economie Ouverte, Geoff, comme la plupart des gens fut un peu désorienté mais excité à la perspective de ne pas avoir à se lever si tôt chaque jour et à faire la même chose. Peu de temps après l'annonce, Geoff fut appeler au centre de tri pour une réunion du personnel. Son patron, Julio, se trouvait dans une surprenante bonne humeur.

« Comme quelques-uns d'entre vous le savent

probablement, » dit Julio, « la Commission pour la Transition vers l'EO a envoyé des instructions à toutes les grandes entreprises de services ces derniers mois... »

Geoff ne le savait pas mais fut intrigé. Julio continua.

« Les instructions sont simplement les suivantes : travailler ici au service postal est devenu une option pour tout le personnel. Nous ne sommes plus une entreprise à but lucratif et par conséquent il n'y aura plus de salaires. Maintenant tout travail entrepris ici est purement bénévole... »

Quelques rires étouffés retentissent parmi les travailleurs.

« Mais, » Julio continua, « la meilleure nouvelle est que maintenant il y aura beaucoup moins de courriers à délivrer. Pratiquement 80 % du courrier postal d'aujourd'hui est constitué de factures, de rappels et de relevés de compte. Naturellement tout cela n'existe plus, mais il restera encore quelques objets que les gens continueront à s'échanger.

« Alors, pour ceux qui sont toujours intéressés à travailler ici en bénévolat, nous n'aurons besoin que de 20 % du temps de travail utilisé auparavant. Cela signifie environ 8 heures par semaine. Vous pouvez découper cela en deux jours de quatre heures ou bien comme vous le voulez. Ou vous pouvez aussi bien travailler moins en partageant entre vous le temps de travail. »

Cela sembla raisonnable pour Geoff. Peut-être pourrait-il s'arranger avec un des autres gars pour faire deux jours de huit heures sur une semaine et avoir la semaine suivante libre.

« Ah oui… alors, » Julio intervena en riant, « nous n'avons plus besoin de ces foutues matinées... »

Tout le monde ricana.

« Le business comme d'habitude, c'est fini ! » proclama Julio. « Le centre de tri ouvrira à 9h00 à partir de maintenant... »

Des acclamations spontanées s'élevèrent.

« La seule chose dont nous avons besoin, » continua Julio, « est que vous confirmiez votre engagement pour les heures que vous avez choisies – et que vous vous y teniez. Nous avons besoin de cela pour fournir un service efficace. »

« D'accord, alors que tout ceux qui veulent s'inscrire pour s'engager à faire des heures, s'approchent afin que je puisse prendre leur nom. Merci. »

Geoff resta sur place pour voir ce qui allait se passer. A sa surprise, beaucoup de personnes s'avancèrent, et beaucoup d'autres comme lui, attendèrent pour voir ce que les autres allaient faire. Geoff s'approcha et s'inscriva pour 16 heures par semaine. Julio le remercia et lui tendit son formulaire.

Jetant un coup d'oeil en arrière, Geoff remarqua trois ou quatre travailleurs quittant les lieux sans s'être engagés, mais aussi que plus ou moins quarante autres sont restés à discuter et à s'inscrire.

Il entendit un de ses collègues demander à Julio ce qui se passerait s'il changeait d'avis.

« Aucun problème, James, » dit Julio, « mais dans ce cas avertis nous, afin que nous puissions réorganiser l'emploi du temps. D'accord ? »

## Bill, Jenny, Jackie et Tyson

Bill est au chômage depuis presque trois ans, depuis que l'usine métallurgique locale a fermé. Heureusement Jenny avait pu garder son travail au cinéma, mais les temps étaient difficiles. Jackie a treize ans maintenant, le coût des livres du lycée est exorbitant – et ne parlons pas de son tout nouvel intérêt pour les garçons et la mode ! Tyson a huit ans et a toujours été un bon fils ne se plaignant jamais, même s'ils furent un jour choqués d'entendre qu'il avait été persécuté à l'école.

Dans leur ville, l'Economie Ouverte était arrivée petit à petit, parce que beaucoup de chômage avait forcé les gens à aller vers plus de partage. Ainsi quand les autorités locales l'ont annoncé officiellement cela a été un moindre choc et plutôt un soulagement. Maintenant ils pouvaient enfin s'organiser par eux-mêmes.

Rapidement, Jenny quitta pour de bon la salle de cinéma pour se proposer en tant que professeure à l'école. Elle avait lu le nouveau Manuel d'Apprentissage de la Vie qui avait été distribué aux écoles l'année dernière et en avait été grandement impressionnée. Enfin une éducation qui avait pour but de rendre les gens meilleurs – pas seulement des travailleurs – et ne laissant personne en arrière. Elle était prête à s'inscrire, pour que d'autres enfants n'endurent pas ce que Tyson a enduré.

Bill eut les larmes aux yeux le jour où l'usine métallurgique fut réouverte. Toutes les machines étaient encore là, intactes et poussièreuses. Apparemment même les liquidateurs ont pensé que c'était trop de travail de les enlever. L'ancien propriétaire de l'usine l'a réouverte pour la communauté afin d'aider celle-ci à construire les nouvelles serres suggérées par le Comité de Planification EO. Bill s'engagea sans aucune hésitation.

Jackie fut stupéfaite quand sa mère lui demanda de s'asseoir et la questionna pour savoir si elle aimerait devenir enseignante à l'école.

« Maman, je n'ai que treize ans, » protesta-t-elle.

« Cela n'est pas important, chérie, » dit Jenny. « Les choses ont changé. Nous apprenons tous et nous sommes tous des enseignants dorénavant. En aidant les jeunes enfants tu pourras apprendre aussi. Cela s'appelle l'apprentissage mutuel. »

« Je vais alors enseigner Tyson ? » dit-elle d'une humeur taquine avec un sourire moqueur.

« Oui ! » s'exclama Tyson, sautant hors de son siège.

« Non, » insista Jenny. « Vous allez vous enseigner l'un l'autre. »

## Margaret

Depuis la mort de son mari il y a vingt ans, Margaret ne cessa pas de se surprendre elle-même. Le petit vignoble acheté ensemble – que Charles avait presque délaissé – était maintenant une entreprise multi-millionaire en euro grâce à son sens des affaires jusque-là inconnu.

Après de dures années et de difficiles décisions, elle avait d'elle-même transformé la propriété en une petite mine d'or qui maintenant comprenait plus d'une trentaine d'employés.

Elle fut furieuse quand ses voisins lui parlèrent du concept de l'Economie Ouverte. Après tout ce dur labeur pour construire son entreprise, tout cela n'aurait plus de valeur ? Elle le défendra bec et ongles quand il faudra voter.

Un jour arriva un gros paquet venant de l'Equipe de Planification EO. Elle se mit à jurer et le jeta.

Plus tard sa fille arriva à la maison, récupéra le paquet jeté à la poubelle et commença à y jeter un coup d'oeil.

« Maman, » dit-elle, « tu sais, tu devrais vraiment le lire. Ca à l'air, euh, fantastique... »

« Oh non, pas toi aussi, ma chérie, » maugréa Margaret. « Ca ressemble à L'Invasion des Profanateurs dans notre ville. » (NdT : film d'épouvante, 1978,

« Invasion of the Body-Snatchers »)

Plus tard dans la soirée après que Millie soit rentrée à la maison, Margaret a pris la brochure que sa fille a volontairement laissé ouverte sur la table basse. *« Comment l'Economie Ouverte changera votre entreprise »* en était le titre laconique. Elle commença à lire.

*« Pourquoi faites-vous des affaires ? »*

*« Probablement pour deux raisons : créer quelque chose d'utile et pour faire de l'argent. »*

*« Dans une Economie Ouverte nous n'utilisons pas d'argent. Le but est de créer une société compatissante où la valeur de la communauté est de subvenir à tout un chacun sans condition. En s'engageant à le faire nous pouvons créer une incroyable abondance pour tout le monde – et non seulement pour quelques élus. »*

*« Alors, si vous voulez faire des affaires uniquement pour l'argent, l'Economie Ouverte va vous épargner cet effort, ainsi vous pouvez profiter d'une vie d'abondance sans le stress de gérer une entreprise. »*

*« Si toutefois vous voulez faire des affaires pour créer quelque chose d'utile, alors n'hésitez pas à le faire ! Tout en jouant un rôle important dans votre communauté, vous avez maintenant la possiblité d'amener ce « quelque chose d'utile » à son plus haut potentiel… »*

Margaret fut perplexe. « Comment puis-je créer un meilleur vin sans personnel et sans fournisseurs ? »

marmona-t-elle. Elle continua la lecture.

> « *Imaginez si tous vos employés s'impliquaient – pas pour l'argent – mais pour l'amour de leur travail – tout comme vous ?* »

> « *Dans une Economie Ouverte tout le monde travaille à ce qu'il aime et le travail restant est réparti parmi la communauté. Lorsque vous annoncerez à votre personnel que vous allez introduire l'Economie Ouverte avec des personnes volontaires, vous saurez que ceux qui resteront avec vous seront aussi passionnés que vous...* »

Margaret essaya d'envisager ce scénario – de faire l'annonce et d'essayer d'imaginer qui resterait. Avec désinvolture elle put immédiatement penser à cinq personnes hautement qualifiées qui certainement resteraient et quelques autres qui probablement partiraient. En fait, en y pensant, elle serait bien contente de voir partir ces derniers ! Et peut-être que si l'Economie Ouverte arrivait, des personnes passionnées au sujet de la fabrication du vin viendraient vers elle pour l'aider !

Elle supposa que si tout les vendangeurs partaient, la communauté assurerait peut-être la cueillette. Puis elle se souvint de tout ces étés lorsque les étudiants venaient vers elle, cherchant du travail et un logement gratuit. Ils n'ont pas que travaillé, ils ont pris aussi du bon temps.

Elle fut à nouveau perplexe. Elle pouvait voir que

c'était faisable et – elle supposa – qu'ils allaient faire en sorte que cela fonctionne quand même.

Et qui sait, peut-être, que simplement l'amour du travail était la meilleure façon de produire  un très bon vin ?

## Shelley et Mark

Cela faisait cinq ans jour pour jour que l'Economie Ouverte avait été lancée dans la ville de Mark et de Shelley. Bien que ce n'était plus vraiment leur ville, puisqu'ils avaient beaucoup bouger depuis. Maintenant, au début de leur trentaine, ils étaient tout juste de retour pour les célébrations du cinquième anniversaire.

Pendant ces cinq dernières années ils ont vécu dans dix-sept pays, habitant dans des maisons trouvées grâce à la « plateforme communautaire » et s'immergeant dans les communautés locales. Où qu'ils soient restés ils ont bien vécu, travaillé à quelques fantastiques projets et se sont fait de bons amis. Commencant par le grand champ de panneaux solaires en Espagne, ils ont enchainé sur le projet de la ferme verticale automatisée à côté de Moscou, travaillé sur des bateaux de croisière en mer baltique, participé au projet de recueil de données glaciologiques au Groenland, pris part aux travaux dans des fermes mexicaines de soja et d'épeautre et ils ont même piloté un avion pour l'initiative de largage de semences au Brésil.

Ils étaient vraiment passionnés par leur planète. Comme beaucoup d'autres ils ont vu les films du Groupe de l'Humanité Ouverte qui sont sortis l'Année Deux pendant l'inspirante campagne d'éducation *Terre*

*Propre.*

Maintenant qu'ils étaient finalement de retour à la maison ils s'aperçurent combien leur ville avait changé, le changement fut bien visible lorsqu'ils sortirent de la gare. L'air était clair et propre. Pas de tourniquets de péage. Pas d'agents de sécurité. La rue était silencieuse à l'exception d'un lointain aboiement.

Pourtant des voitures circulaient.

« Ah, » dit Mark. « Des voitures électriques ! Si silencieuses. »

En observant la rue ils virent beaucoup de cyclistes, des gens promenant leurs chiens, discutant et jouant comme si c'était une aire de jeux pour adultes.

« Regarde ça ! Demanda Shelley à Mark soudainement.

« Euh, regarder quoi ? repliqua Mark.

« Personne n'est pressé... »

« Ah, tu as raison, » s'exclama Mark, « et, » dit-il, regardant les alentours, « personne ne porte de costume.»

« Ha, ha ! » s'esclaffa Schelley.

« Souviens-toi, » dit-il lui prenant la main, « lorsque tu m'a rencontré dans le parc par ici pendant ta pause déjeuner... »

« Oui mon talon s'est brisé sur le chemin du retour au travail... » dit-elle en gloussant. « Je me souviens du regard de mon chef lorsque je suis revenue pieds nus au bureau… ha ha… si consterné et si sérieux… »

« Le chef ! » explosa Mark. « Comme cela semble ridicule ! »

Leurs rires furent soudainement interrompu par une grande ombre noire les recouvrant. Ils regardèrent vers le haut.

Au-dessus d'eux flottait un dirigeable argenté en forme d'ours en peluche avec les passagers agitant leurs mains à travers les fenêtres. Mark regarda Schelley.

« Il semble que les célébrations ont déjà commencé, » cria-t- il. «Allons-y ! »

# Le chemin vers l'Economie Ouverte

Alors, comment y arriver ?

Pour la plupart des gens l'idée « utopique » de vivre sans argent est certainement désirable – oui mais pas avant cent ans. La seule raison pour laquelle ils pensent ainsi vient du fait que cette idée est très éloignée de leur façon de penser. L'argent faisant partie intégrante de nos vies maintenant, cette réaction est naturellement compréhensible.

Mais il y a deux raisons pourquoi ceci est faux. 1) Il y a beaucoup de choses définissant une Economie Ouverte qui se produisent déjà aujourd'hui, 2) Nous sous-estimons toujours la   rapidité avec laquelle la société change, une fois une idée adoptée.

## Cela est déjà en cours

Internet et le mouvement Open Source ont prouvé sans aucun doute que des choses stupéfiantes peuvent arriver dans le domaine du volontariat. Les grands exemples sont Linux – un des systèmes d'exploitation le plus populaire au monde, Google Chrome (alias Chromium) le navigateur le plus populaire au monde, et Android le logiciel pour appareil mobile le plus populaire. Ils ont tous été uniquement developpés par des volontaires du monde entier, dans un processus auto-organisé appellé « forking » dans lequel les meilleures idées et approches aboutissent naturellement.

Nous avons vu l'apparition de sites de contenus libres sur internet – Youtube, Wikipedia, Yahoo, Google, Facebook, etc. Bien que la plupart d'entre eux incorporent de la publicité dans leur modèle commercial, ils ont tous commencé – et marqué de leurs empreintes – uniquement en tant que service gratuit. Puisque c'est devenu la norme d'aujourd'hui, les jeunes générations s'attendent à avoir du contenu gratuit comme la musique, les vidéos et les logiciels.

Une recherche rapide sur internet révèle aussi l'apparition dans le monde entier de projets venant d'esprits libres. Les initiatives commerciales comme le « Prix libre » ou la « Contribution libre » où vous payez seulement ce que vous voulez ; les sites où les personnes proposent des biens gratuits, des échanges et des services comme *Freecycle, Free World Network, Timebanks, Street Bank* s'utilisent partout de plus en plus. Des projets de constructions écologiques comme Open Source Ecologie ou bien Habitat Naturel proposent de simples et de meilleures solutions pour la construction d'un habitat pour presque rien. Une pléthore de mouvements pour la « fin du capitalisme » comme *Occupy Wall St., Anonymous, The Free World Charter, Ubuntu, The Venus Project, The Zeitgeist*

*Movement,* etc. envisagent tous une économie collaborative sans argent comme le seul avenir viable. Beaucoup de personnes reconnues comme Russell Brand, Lee Camp, Paul Mason (journaliste), Jeremy Rifkin (conseiller du gouvernement) utilisent leurs célébrités pour lever le voile sur ce qui se passe vraiment et apportent de nouvelles solutions possibles. Ce n'est qu'une question de temps pour que beaucoup d'autres célébrités les rejoignent.

Même des sites comme Uber et AirBnb nous montrent comment la puissante collaboration entre les personnes peut détruire le vieux modèle du contrôle centralisé.

Mais, en dehors de ce qui se passe maintenant, il y a *toujours* eu pleins de chemins pour l'Economie Ouverte qui surgissaient devant nos yeux.

Nous sommes, chacun d'entre nous, membres de divers « clubs » exclusifs. Nos familles, nos amis, nos collègues de travail, nos voisins. De façon récurrente dans nos vies nous contribuons volontairement à ces « clubs » en leur donnant inconditionellement, ou bien en leur demandant assistance. P. ex. votre frère à besoin d'être transporté quelque part, un collègue à besoin de réparer quelque chose, vous faites une course pour un ami ou bien vous avez besoin d'emprunter la tondeuse du voisin, etc.

Pour la plupart d'entre nous ces actes de dons inconditionels et de partages sont si automatiques que nous leurs prêtons aucune attention, pourtant ce sont les véritables transactions faisant fonctionner la société humaine et ces actes sont l'ADN de l'Economie Ouverte.

Et cela ne concerne pas seulement l'aide aux personnes que vous connaissez et que vous aimez. Nous aidons aussi des gens que nous ne connaissons pas. La plupart d'entre nous allons se précipiter pour aider quelqu'un qui a chuté ou qui a fait tomber quelque chose ; nous donnons de l'argent aux organismes de charité pour aider les étrangers en besoin ; nous nous serrons les coudes en temps de crise – même quand cela peut être dangereux de le faire ; nous allons faire de notre mieux pour aider un étranger qui nous demande son chemin ; nous tenons la porte ouverte pour quelqu'un derrière nous.

Tout ces actes sont les catalyseurs d'une Economnie Ouverte, existants déjà de nos jours – et nous les utilisons tous !

*Le comportement et les conditions pour une collaboration naturelle sont déjà là.* Nous n'avons qu'à les étendre au-delà de la famille et des amis, par delà ces temps de crise, par delà le besoin de reconnaissance, dans un sens global d'humanité et de responsabilité mutuelle.

Le changement de comportement requis n'est pas énorme, et une fois qu'il devient réciproque, celui-ci devient naturel dans notre psyché. *Dès que nous tirons un bénéfice d'un comportement nous avons tendance à répéter celui-ci.*

## La rapidité du Changement Social

Comme nous sommes très connectés socialement, une nouvelle information dans notre « réseau » se répand très vite. Lorsque quelqu'un conçoit une superbe invention ou bien fait une surprenante découverte, chacun est très vite au courant.

Quand les téléphones mobiles sont sortis ils étaient révolutionnaires. Tout le monde en voulait un immédiatement. Bien sûr la technologie était tout à fait à ces débuts et terriblement chère, mais la demande était telle que nous avons fait avancer la technologie à grande vitesse. Vingt ans après, presque tout le monde sur la planète possède un téléphone mobile.

Qu'en est-il des changements comportementaux ? Le meilleur exemple récent est le recyclage. Au début des années 90 les gouvernements ont été mis sous pression par les scientifiques de l'environnement au sujet des périls dû au changement climatique.

Cette sorte de changement social est très différent de celui du téléphone mobile dont nous avons parlé, parce que personne ne bénéficie directement du recyclage. Bien qu'avec les grandes campagnes d'information médiatique la notion de recyclage est devenue finalement à la mode. Maintenant dans le monde occidental presque chaque foyer recycle ses déchêts activement et d'une façon responsable.

Le phénomène du recyclage est d'une importance cruciale parce qu'il n'émane pas de l'égoïsme. C'est une cause pour le bien commun qui a changé le comportement de millard de personnes avec succès.

C'est le même mécanisme qui mènera à l'Economie Ouverte, lorsqu'il émanera d'un désir assez fort des gens.

# Lancer l'Economie Ouverte maintenant

Cependant, contrairement au recyclage, cette fois-ci le changement ne viendra probablement pas des leaders du système actuel, car ils sont trop impliqués personnellement. Peut-être que cela changera, mais c'est à nous, les gens comme vous et moi et de millions d'autres personnes semblables, de montrer l'exemple et de lancer l'Economie Ouverte dans le monde entier.

Maintenant que les idées de partage et de coopération sont devenues des alternatives viables pour les gens, les réseaux sociaux et l'internet s'en sont emparés. Mais le partage a besoin d'atteindre un « seuil critique d'utilité » pour commencer à défier le système du marché en place. Quand cela arrivera, il deviendra si populaire que les médias traditionnels ne pourront plus l'ignorer. C'est *alors* qu'un mouvement sismique adviendra.

Une Economie Ouverte performante nécessite la coopération de tout le monde pour créer l'abondance et les multiples qualifications désirées. Il y a déjà plusieurs façons de la   manifester aujourd'hui. En la manifestant maintenant, nous ne nous éloignons pas seulement des vieux systèmes, mais nous apprenons et perfectionnons le nouveau en le présentant à d'autres personnes en cours de route. Voici un résumé de ce que vous pouvez faire à ce jour.

## Partagez!

Prenez l'habitude de partager votre temps, vos talents et vos ressources avec les gens que vous connaissez. Regardez sur internet les sites tels que Freecycle, The Free World Network, Freegle, Streetbank, Timebanks, Hylo. Tous ces sites vous permettent de rechercher et de trouver des objets utiles, à prendre ou à emprunter dans vos alentours, ou des services gratuits offerts par d'autres.

## Le partage communautaire

Créez ou rejoignez un groupe de partage gratuit proche de chez vous. Il y a beaucoup d'exemples et de modèles que vous pouvez suivre. Consultez l'idée du Cercle de Partage Communautaire (NdT : Community Sharing Circle) sur Freeworlder.com. Pour des groupes plus importants et des villages, informez-vous sur Ubuntu Contributionisme.

Si vous avez un espace commercial, une boutique ou un lieu dans un endroit public, installez-y un stand avec l'inscription « A prendre ou à laisser » ou « Espace de partage », dans lequel les gens peuvent prendre ou bien laisser quelque chose sans aucune transaction financière.

## Autosuffisance

L'autosuffisance semble être une façon de vivre très attractive et un acte de rébellion pour beaucoup de personnes, mais à ce sujet une remarque préventive s'impose : nous avons besoin d'aller vers une société collaborative. Une vie autosuffisante est une vie égoïste, elle provient de la même mentalité qui nous a amené les difficultés que nous connaissons aujourd'hui.

De toute manière, ceci dit, nous avons tous besoin d'apprendre à être plus indépendant et responsable. Cultiver votre propre nourriture est facile avec un peu de patience – et croyez le ou pas, elle pousse naturellement par elle-même – gratuitement ! Et lorsqu'elle est abondante vous pouvez aussi la partager, elle est le fruit de votre travail !

Considérons aussi d'autres moyens pour être autonome, l'eau chaude solaire, la récupération d'eau de pluie, l'utilisation de carburants alternatifs pour votre voiture ou votre chauffage. La plupart de ces moyens coûtent de l'argent, mais avec un petit peu d'ingénuité et avec l'aide de l'internet, vous pouvez utilement trouver des alternatives à bas coût et même gratuites.

## Eduquez-vous vous-mêmes!

De nos jours, il n'y a presque plus d'excuse pour payez

quelqu'un qui va faire quelque chose à votre place, parce que vous pouvez l'apprendre par vous-même. Il y a maintenant des aides et des manuels en vidéo pour presque tout ce dont vous avez besoin sur Youtube ou Wikihow. De la coiffure à la pousse de vos propres légumes jusqu'à la réparation de votre voiture – toute ces informations sont maintenant disponibles et ont été fournies gratuitement par des bénévoles ! Apprendre une nouvelle compétence est tout simplement gratifiant.

Alors, si vous avez une compétence spécifique ou quelque chose que vous pouvez enseigner, pourquoi ne pas faire une vidéo pour l'enseigner aux autres ?

### Les bibliothèques d'outils

Recherchez une bibliothèque d'outils près de chez vous. S'il n'y en a pas, créez-en une. C'est une bonne façon de partager les outils et les machines que nous utilisons rarement. Puisque les gens ont déjà « compris » le système de fonctionnement des bibliothèques, il est aisé pour eux de l'utiliser et d'en voir les avantages.

### Autopartage / Covoiturage

Ce n'est pas seulement une manière pratique pour tout le monde d'épargner de l'argent pour les trajets quotidiens, mais aussi une opportunité pour discuter avec votre covoitureur des avantages sous-jacents et du potentiel d'une Economie Ouverte.

Probablement qu'il y aura suffisamment d'esprits ouverts pour ne pas être déposé sur le bord de la route !

## Utiliser l'Open Source

Considérez l'utilisation des logiciels Open Source. Ces logiciels sont bien développés maintenant. Linux et Ubuntu sont de puissants rivaux pour Windows ; Open Office ou Libre Office ont tous les deux les mêmes fonctionnalités que Microsoft Office, Word et Excel. Gimp est aussi bien sinon mieux que Photoshop, Audacity est un superbe outil d'enregistrement audio, VSDC est un puissant pack d'édition vidéo. Ceux-ci ne sont que quelques exemples. Une recherche rapide, dans votre domaine d'intérêt particulier, vous donnera d'avantage de choix.

## Construisez votre propre maison

Vous cherchez une maison ? Représentez-vous une maison écologique auto-construite faite de rebuts ou de matériaux recyclés. Encore une fois grâce à l'internet vous avez accès à une tonne d'informations et d'instructions pour vous aider à construire votre propre maison à partir de zéro. Généralement, ces éco-maisons ont aussi un plus haut niveau d'efficacité énergétique que les maisons conventionnelles et ne coûtent qu'une fraction du prix de celles-ci.

Bien évidemment, il y a du travail à faire, mais si vous avez du courage ou que vous avez beaucoup d'amis pouvant vous aider, alors cela devient simple ! Informez-vous au sujet des Géonefs, des Maisons Naturelles et de l'Ecologie Open Source pour trouver des inspirations étonnantes. Ne vous embarquez pas dans un crédit à vie !

## Devenir un as de la réparation

Réapprenez l'art simple de la réparation ou de la réutilisation pour vos objets vieux ou cassés. Ceci était une pratique courante du temps de nos parents et grands parents, mais la culture du plastique et du prêt-à-jeter a changé les comportements. Tout ce qui ne peut pas être réparé peut presque toujours servir à autre chose, alors ne jetez rien – soyez créatifs !

## Repair Café

Si vous aimez réparer les choses, pensez à rejoindre ou à créer un Repair Café. Ceux-ci commencent maintenent à être vraiment populaire en Europe et si vous avez un atelier vous pouvez en démarrer un facilement. Le principe est que les gens viennent pour faire réparer leurs appareils tout en discutant en prenant un café. C'est une initiative sociale importante avec un paiement évidemment optionnel.

## Devenez végétalien !

Ce n'est pas directement relié à l'Economie Ouverte, mais c'est directement lié à la compassion, au problèmes de santé et d'environnement.

En dehors du fait d'éviter la cruauté envers les animaux, il y a maintenant d'irréfutables preuves qu'une nourriture à base de plantes est meilleure pour votre corps et que l'élevage intensif des animaux est un des plus grand contributeurs du changement climatique, par les émissions de méthane et par la déforestation nécessaire afin de créer des pâturages pour l'élevage.

Il y a aussi de nos jours de nombreuses alternatives à la viande, au lait et aux fromages disponibles, alors c'est plutôt simple !

## Propager la conscience

Parlez de vos actions «bénévoles» avec des gens que vous connaissez. Apportez-leur les idées d'une Economie Ouverte. Postez ces idées sur les réseaux sociaux. Intéressez-vous aux initiatives telles que The Free World Charter, The Zeitgeist Movement, The Venus Project, Ubuntu, New Earth Nation, The Money Free Party, Resource-Based Economy. Il y a maintenant énormément de données qui vous aideront à propager le message.

### Parler de ce livre

J'ai intentionellement voulu que ce livre soit aussi court, simple et bon marché que possible pour essayer d'atteindre un maximum de personnes afin de faire passer ce message.

Vous pouvez citer librement des passages de ce livre, le partager sur vos réseaux sociaux ou le donner à vos amis. Si vous voulez, vous pouvez en faire des copies[9], les distribuer et mêmes les vendre aux personnes susceptibles d'entendre le message qu'il contient.

Le changement commence avec vous et moi, alors on y va ?

# L'Economie Ouverte

freeworlder.com/openeconomy

---

9    Une License de réimpression peut être demandée à l'auteur. Voir le verso de la page de garde.

## Sites web recommandés

www.freeworldcharter.org

www.freeworlder.com

www.thezeitgeistmovement.com

www.thevenusproject.com

www.newearthnation.org

www.ubuntuparty.org.za


## Recherche Youtube :

'Rendons tout gratuit et libre'

'La Charte du Monde Libre'

'zeitgeist addendum'

'jacque fresco'

'contributionism'

'resource-based economy'

'peter joseph'

'alan watts'

'gift economy'